Pinto, pinto

Lada Josefa Kratky

Fotografías por
Fernando y Barbara Batista

HAMPTON-BROWN BOOKS
FOR BILINGUAL EDUCATION

Quien sabe dos lenguas vale por dos.®

Pinto, pinto ojos
bonitos.

Pinto, pinto ojos
bonitos.

Pinto, pinto una sonrisa bonita.

Pinto, pinto una sonrisa
bonita.

Pinto, pinto pelo bonito.

Pinto, pinto pelo
bonito.

7

¡Qué niños tan bonitos!